Loi n°49.956 du 16 juillet 1949 sur les publications destinées à la jeunesse.
ISBN : 978-2-09-202266-5
N° éditeur : 10175299 -Dépôt légal : janvier 2011
Imprimé en France par Pollina - L55832B

D'après un conte de Grimm
Illustré par Sébastien Mourrain

Hansel et Gretel

Nathan

Il était une fois un pauvre bûcheron qui vivait avec sa femme et ses deux enfants à la lisière d'une grande forêt. Le petit garçon s'appelait Hansel, la petite fille, Gretel. La vie était dure et ils n'avaient pas grand-chose à manger.

Cette année-là, il y eut une terrible famine dans le pays et le pain vint à manquer. Le père dit à sa femme, qui était la marâtre des enfants :

– Hélas ! Comment nourrir nos pauvres enfants, puisque nous n'avons même plus à manger pour deux ?

– Demain, à l'aube, répondit la femme, nous les conduirons dans la forêt et nous les abandonnerons.
– Comment aurais-je le cœur de laisser mes enfants dans la forêt pour que les bêtes féroces les dévorent !
Mais sa femme ne lui laissa pas de répit avant d'avoir obtenu ce qu'elle voulait. Or, les enfants que la faim empêchait de dormir avaient tout entendu.
Gretel se mit à pleurer et dit :
– Nous sommes perdus !
– Sois tranquille, répondit Hansel. Je trouverai le moyen de nous tirer d'affaire.
Quand les parents furent endormis, il se leva sans bruit et se glissa dehors. Il y avait un beau clair de lune et les petits cailloux blancs devant la cabane brillaient comme des pièces d'argent.
Hansel en remplit ses poches puis rentra se coucher.

Au matin, la femme réveilla les deux enfants : « Debout, paresseux. Il faut aller dans la forêt ramasser du bois. » Elle leur donna à chacun un morceau de pain en disant :

– Voilà pour midi. Ne le mangez pas avant, car vous n'en aurez pas d'autre.

Lorsqu'il furent arrivés au milieu de la forêt, leur père alluma un feu et la femme dit :

– Asseyez-vous près du feu et attendez-nous ici. Nous allons plus loin abattre des arbres. Puis nous reviendrons vous chercher.

Hansel et Gretel s'assirent près du feu et à midi chacun mangea son morceau de pain. Ils finirent par s'endormir et lorsqu'ils se réveillèrent, il faisait nuit noire.

Gretel se mit à pleurer en disant :

– Comment allons-nous sortir de la forêt ?

Mais Hansel la rassura :
– Quand la lune sera levée, nous retrouverons notre chemin grâce aux cailloux que j'ai semés tout le long.
En effet, la lune levée, Hansel prit Gretel par la main et, guidés par les petits cailloux, ils marchèrent toute la nuit. Quand ils arrivèrent à la maison paternelle, la marâtre s'écria :
– Vilains enfants ! Pourquoi êtes-vous restés si longtemps dans la forêt ? Nous pensions que vous n'alliez pas revenir !
Mais le père fut bien content de les voir car il avait le cœur gros de les avoir abandonnés.

À quelques temps de là, la famine se fit de nouveau sentir et, un soir, les enfants entendirent encore une fois la marâtre dire à leur père :
– Nous n'avons plus rien à manger. Cette fois, il faut se débarrasser des enfants, sinon nous sommes perdus.

Quand les parents furent endormis, Hansel se leva pour aller chercher des petits cailloux. Mais la porte était fermée à clef : Hansel ne put sortir.

Le lendemain, la femme remit à chacun un morceau de pain et l'on se mit en route pour la forêt.
Chemin faisant, Hansel s'arrêtait de temps en temps pour laisser tomber quelques miettes de pain.
Ils marchèrent longtemps jusqu'à un endroit reculé.
De nouveau, on alluma un grand feu, puis la femme leur dit :
– Attendez-nous ici. Nous allons abattre du bois dans la forêt et ce soir nous reviendrons vous chercher.
À midi, Gretel partagea son morceau de pain avec son frère. Puis ils s'endormirent et la nuit arriva.

Il faisait si noir quand ils se réveillèrent que Gretel, effrayée, se mit à pleurer. Hansel consola sa sœur :
– Dès que la lune sera levée, nous verrons les miettes de pain et nous retrouverons le chemin de la maison.
Ils se mirent en route par un beau clair de lune.
Mais, hélas, les miettes avaient été dévorées par les oiseaux. Ils marchèrent toute la nuit, puis toute une journée encore sans sortir de la forêt.
Ils avaient grand-faim. S'ils ne trouvaient pas de secours, ils ne tarderaient pas à mourir.

Un jour, ils aperçurent un oiseau blanc, perché sur une branche. Quand il s'envola, ils décidèrent de le suivre et arrivèrent à une maisonnette sur le toit de laquelle l'oiseau se posa.

En s'approchant, ils virent que la maison était faite de pain d'épice, le toit de biscuit et les fenêtres de nougatine.

– Nous allons nous régaler, dit Hansel.

Il tendit le bras pour casser un coin du toit et Gretel se mit à grignoter un carreau.

Le lendemain matin, elle attrapa Hansel avec ses doigts crochus, l'emporta dans l'étable où elle l'enferma et s'en alla réveiller Gretel. Elle secoua la petite fille en lui disant :

– Debout, paresseuse. Va chercher de l'eau et prépare un bon repas à ton frère. Quand il sera gras à point, je le mangerai.

Gretel se mit à pleurer. Mais il lui fallut obéir. Hansel eut droit à un bon repas, et Gretel dut se contenter des restes.

Ce fut ainsi pendant plusieurs jours. Chaque matin la vieille se rendait à l'étable et criait à Hansel :

– Tends-moi ton doigt que je sente si tu es assez gras.

Hansel lui tendait un petit os et comme la vieille avait une mauvaise vue, elle ne s'en apercevait pas.

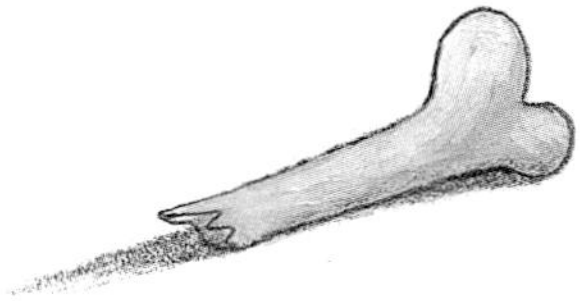

Au bout d'un mois, le trouvant toujours aussi maigre, elle perdit patience et décida de ne plus attendre.
– Gretel, cria-t-elle, gras ou maigre, je vais manger ton frère ! Allume un feu sous la marmite !
Gretel se mit à pleurer mais rien n'y fit.
– Nous allons d'abord faire le pain. J'ai déjà pétri la pâte et fait chauffer le four, dit la vieille en entraînant Gretel jusqu'au foyer. Glisse-toi dedans pour savoir s'il est assez chaud.
La vieille voulait enfermer la petite fille dans le four et la manger quand elle serait rôtie à point. Mais Gretel comprit ce qu'elle avait en tête et demanda :
– Comment faut-il faire pour y entrer ?
– Que tu es sotte ! répondit la vieille. L'ouverture est si grande que je pourrais y entrer ! Tiens, regarde !
Et la vieille mit la tête dans le foyer. Alors Gretel la poussa pour l'y faire entrer toute entière, referma prestement la porte et tira la barre.

Laissant la vieille pousser des hurlements
épouvantables, Gretel se précipita à l'étable
et délivra son frère.
Hansel bondit dehors comme un oiseau
hors de sa cage et se jeta au cou de sa sœur :
les deux enfants se mirent à danser de joie.
Ils rentrèrent dans la maison où il y avait partout
des cassettes de perles et de pierres précieuses.
– Voilà qui vaut mieux que des cailloux,
dit Hansel en remplissant ses poches
tandis que Gretel en mettait autant dans son tablier.
Il faut sortir de cette forêt.
Bientôt, ils retrouvèrent le chemin qu'ils connaissaient.

Quand ils aperçurent leur maison, ils se mirent
à courir. Bientôt, ils poussèrent la porte
et se jetèrent au cou de leur père.
Le pauvre homme ne pouvait se consoler
d'avoir abandonné ses enfants et était fort malheureux.
Quant à sa femme, elle était morte.
Gretel fit tomber de son tablier toutes ses richesses
tandis qu'Hansel vidait ses poches.
Ce fut la fin de leur misère et ils vécurent
dès lors très heureux.